EXAMEN DE DEUXIÈME ANNÉE
— DEUXIÈME PARTIE —

LE

DROIT CRIMINEL

RÉSUMÉ EN

TABLEAUX SYNOPTIQUES

PAR

A. WILHELM.

CINQUIÈME ÉDITION, ENTIÈREMENT REFONDUE

PRIX : **1 fr. 50**

PARIS
CHALLAMEL ET Cie, LIBRAIRES-ÉDITEURS
5, RUE JACOB, 5
Et chez tous les Libraires de Droit.

1889

EXAMEN DE DEUXIÈME ANNÉE
— DEUXIÈME PARTIE —

LE
DROIT CRIMINEL
RÉSUMÉ EN
TABLEAUX SYNOPTIQUES

PAR

A. WILHELM.

CINQUIÈME ÉDITION, ENTIÈREMENT REFONDUE

PRIX : 1 fr. 50

PARIS
CHALLAMEL ET Cⁱᵉ, LIBRAIRES-ÉDITEURS
5, RUE JACOB, 5
Et chez tous les Libraires de Droit.

1889

MATIÈRES DE L'EXAMEN

CODE PÉNAL

Dispositions préliminaires. — Art. 1 à 5.
Livre Iᵉʳ. — **Des peines et de leurs effets.** — Art. 6 à 58.
Livre II. — **Des personnes punissables, excusables ou responsables.** — Art. 59 à 74.

. . . .

Des circonstances atténuantes. — Art. 463.

CODE D'INSTRUCTION CRIMINELLE [1]

Dispositions préliminaires. — Art. 1 à 7.
Des tribunaux en matière correctionnelle. — Art. 179 à 216.
De l'examen, du jugement et de l'exécution. — Art. 310 à 380.
De la prescription. — Art. 635 à 643.

. . . .

Et les autres articles enseignés par le professeur (2).

---

(1) C'est-à-dire : *Code de* procédure pénale.
(2) C'est pourquoi nous avons donné place à plusieurs matières très importantes, non comprises dans le programme ci-dessus, mais faisant souvent l'objet de questions aux examens. — Voir notamment : p. 24 à 26.

INDICATION DES TABLEAUX

	Pages.
CHRONOLOGIE du Code d'instruction criminelle et du Code pénal, et des principales lois qui les ont complétés ou modifiés...............	6

CODE PÉNAL

Dispositions préliminaires...	7
Des peines et de leurs effets. — Double échelle des peines............	8
Peines afflictives et infamantes......................................	9
Peines infamantes. — Peines correctionnelles. — Peines de simple police.	10
Peines accessoires. — Casier judiciaire...........................	11 et 12
Cumul et récidive...	13
Questions pénitentiaires..	14
Non-culpabilité. — Excuses légales....................................	15
Modification de la peine en raison de l'âge du coupable. — Responsabilité civile..	16
Circonstances atténuantes...	17
Complicité..	18

ORGANISATION ET COMPÉTENCE des tribunaux de répression. — Juridictions d'instruction et de jugement. — Jury.................	19 et 20

CODE D'INSTRUCTION CRIMINELLE

Dispositions préliminaires. — Action publique et action civile..........	21
Infractions commises à l'étranger.....................................	22
Extradition...	23
Police judiciaire...	24
Instruction préparatoire..	25
(*Suite*.) — Détention préventive ; liberté provisoire ; issue de l'instruction préparatoire..	26
Tribunaux en matière correctionnelle..................................	27
Cour d'assises : — procédure et débats................................	28
Cour d'assises : — verdict..	29
Cour d'assises : — jugement...	30
Contumace...	31
Voies ordinaires de recours...	32
Voies extraordinaires de recours......................................	33
Extinction des peines...	34

CHRONOLOGIE DU CODE D'INSTRUCTION CRIMINELLE
ET DU CODE PÉNAL
ET DES PRINCIPALES LOIS QUI LES ONT COMPLÉTÉS OU MODIFIÉS.

Code d'instruction criminelle, *des 17-27 novembre 1808*; — contenant les règles de la *procédure pénale* devant les juridictions d'instruction (livre Ier) et devant les juridictions de jugement (livre II).

Code pénal, *des 12-22 février 1810*, — ensemble de dispositions répressives empruntées en partie à la loi du 25 septembre 1791 et au Code du 3 brumaire an IV, dit *Code des délits et des peines.*

Ces deux Codes n'ont été exécutoires que le 1er janvier 1811, après la mise en vigueur de la loi du 20 avril 1810, sur l'organisation judiciaire.

Loi du 28 avril 1832
- révision générale du Code pénal de 1810, avec intercalation des dispositions nouvelles dans le texte primitif ;
- suppression de la peine de mort dans 11 cas (incendie, fausse monnaie, etc.) ;
- abolition de la marque, du carcan, de la confiscation générale, etc. ;
- correctionnalisation d'un certain nombre de crimes ;
- généralisation absolue des circonstances atténuantes.

Décret du 12 avril 1848. — Abolition de l'exposition publique.

Constitution du 4 novembre 1848 (art. 5). — Abolition de la peine de mort en matière politique.

Loi du 8 juin 1850
- remplaçant la mort, en matière politique, par la déportation dans une enceinte fortifiée ;
- désignation des îles Marquises comme lieu de déportation.

Loi du 30 mai 1854
- réglant l'exécution de la peine des travaux forcés ;
- substituant au régime des bagnes celui des colonies pénitentiaires ;
- astreignant les condamnés à une résidence, soit temporaire, soit perpétuelle, dans la colonie après leur libération.

Loi du 31 mai 1854, — abolissant la mort civile.

Loi du 13 mai 1863
- 2e révision du Code pénal, précisant la criminalité ;
- introduction de la récidive de délit à crime ;
- modification des éléments d'un certain nombre de crimes ou de délits ;
- restriction apportée au pouvoir des juges en matière de circonstances atténuantes.

Loi du 20 mai 1863, — sur les flagrants délits correctionnels.
Loi du 14 juillet 1865, — sur la mise en liberté provisoire.
Loi du 27 juin 1866, — sur les crimes et délits commis à l'étranger.
Loi du 29 juin 1867, — sur la révision des procès criminels et correctionnels.

Décret du 27 novembre 1870, — abrogation de la loi de 1863, en ce qui touche les circonstances atténuantes, et retour au texte de la loi de 1832.
Loi du 17 juin 1871, — sur l'exercice du droit de grâce et l'amnistie.
Loi du 23 mars 1872, — désignation de la Nouvelle-Calédonie comme lieu de déportation.
Loi du 21 novembre 1872, — sur le jury.
Loi du 23 janvier 1873, — répression de l'ivresse manifeste.
Loi du 25 mars 1873, — réglant le mode d'exécution de la peine de la déportation.
Loi du 23 janvier 1874, — modifiant les art. 44 à 48 C. P., sur la surveil. de la haute police.
Loi du 5 juin 1875, — sur le régime des prisons départementales.
Loi du 19 juin 1881, — supprimant le résumé du président d'assises.
Loi du 29 juillet 1881, — sur la liberté de la presse (injure et diffamation).
Loi du 27 mai 1885, — sur les récidivistes.
Loi du 14 août 1885, — sur les moyens de prévenir la récidive (libération conditionnelle, patronage, réhabilitation ; suppression de la surveillance de la haute police).
Loi du 11 juin 1887, — sur la diffamation et l'injure par cartes postales ou télégraphiques.

CODE PÉNAL
DISPOSITIONS PRÉLIMINAIRES (Art. 1 à 5).

L'infraction est appelée
- *contravention,* lorsqu'elle est passible de peines de simple police ;
- *délit,* lorsqu'elle est passible de peines correctionnelles ;
- *crime,* lorsqu'elle est passible de peines criminelles.

L'auteur de l'infraction est appelé
- *inculpé,* s'il s'agit d'une contravention (1) ;
- *prévenu,* — d'un délit ;
- *accusé,* — d'un crime.

L'infraction comprend
- des éléments constitutifs sans la réunion desquels la culpabilité est inexistante ou incomplète (2) ;
- des circonstances aggravantes, ou faits dans lesquels la loi a vu une culpabilité plus grande ;
- des excuses légales, ou faits en raison desquels la culpabilité est jugée moindre ;
- des circonstances atténuantes, éléments d'atténuation abandonnés à l'appréciation des jurés et des juges.

Principales classifications des délits
- Délits *politiques* et *de droit commun* : — V. la double échelle des peines, p. 8.
- Délits *flagrants* et délits *non flagrants.*
  — Le flagrant délit est celui qui se commet actuellement ou qui vient de se commettre. — *Id.* lorsque le prévenu est poursuivi par la clameur publique, ou lorsqu'il est arrêté nanti de pièces à conviction dans un temps voisin du délit. (Art. 41, I. Cr.)
  — Procédure spéciale pour les flagrants délits. (Loi 20 mai 1863.) V. p. 25.
- Délits *simples* et délits *d'habitude.* — Pour ces derniers, il faut des actes répétés : par ex., l'usure. — La prescription ne commence à courir que du jour du dernier fait. (*Controv.*)
- Délits *militaires.* — Les dispositions du Code pénal ne sont pas applicables aux infractions prévues par les Codes de Justice militaire pour l'armée de terre (loi du 9 juin 1857) et pour l'armée de mer (loi du 4 juin 1858).

TENTATIVE (Art. 2 et 3).

La tentative
- de crime
  - exige deux conditions : un commencement d'exécution, une suspension ou un manque d'effet indépendant de la volonté de l'auteur (3) ;
  - est punissable comme *le crime même* (4) ;
- de délit : n'est passible de la peine du délit que moyennant une disposition spéciale de la loi (vol, escroquerie...).

NON-RÉTROACTIVITÉ (Art. 4).

Les lois pénales
- *de répression* ne peuvent avoir d'effet rétroactif (5) ;
- *de procédure, d'instruction* ou *de compétence* sont applicables rétroactivement aux infractions antérieures.

---

(1) En outre, l'auteur de l'infraction s'appelle du nom générique d'*inculpé*, tant que l'instruction n'a pas déterminé la nature précise des charges qui pèsent sur lui.
(2) Parmi ces éléments, les uns sont purement matériels et constituent ce qu'on nomme la *matérialité* de l'infraction ; les autres sont intentionnels et en forment la *criminalité*. Ces deux éléments sont compris dans la réponse unique faite par le jury à la question : « Est-il coupable ? »
(3) Cette dernière condition n'est pas requise en matière d'attentat à la pudeur, puisque, aux termes des art. 331 et 332 du Code pénal, l'attentat est commis, qu'il ait été consommé ou seulement tenté. (Cass., 4 août 1853.)
(4) A l'exception de la tentative d'avortement qui, en égard aux difficultés de la preuve, a été dispensée de toute répression dans l'art. 317 du Code pénal.
(5) A moins que la loi nouvelle n'édicte une peine plus douce que celle édictée par la loi ancienne.

LIVRE PREMIER

DES PEINES ET DE LEURS EFFETS (Art. 6 à 11).

Double échelle des peines (1). — Tableau récapitulatif.

		PEINES DE DROIT COMMUN	PEINES POLITIQUES
Peines criminelles	afflictives et infamantes	Mort	Déportation dans une enceinte fortifiée (*perpétuelle*) (2) ;
		Travaux forcés à perpétuité	Déportation simple (*perpét.*) ;
		Travaux forcés à temps (*de 5 à 20 ans*)	Détention (*de 5 à 20 ans*) ;
		Réclusion (*de 5 à 10 ans*).	....
	infamantes	....	Bannissement (*de 5 à 10 ans*) ;
		Dégradation civique (*perpétuelle*)	Dégradation civique (*perpét.*).

Peines correctionnelles	Emprisonnement de 6 jours à 5 ans (3) ; Amende de 16 francs au moins.

Peines de simple police	Emprisonnement de 5 jours au plus ; Amende de 1 à 15 francs.

Peines accessoires	Double incapacité de disposer ou de recevoir par donation ou par testament ; Dégradation civique ; Interdiction légale ; Publicité par affiche ; Relégation ; Interdiction de certains séjours ; Interdiction de certains droits ; Confiscation spéciale ; Contrainte par corps.	V. p. 11 et 12.

---

(1) Cette échelle a été établie de façon à faire ressortir la nature politique ou commune de chacune des peines criminelles. Cette distinction est de la plus grande importance, puisque l'aggravation résultant de la récidive, et la diminution produite par les circonstances atténuantes sont calculées précisément en tenant compte de l'espèce de la pénalité primitivement encourue.

(2) La peine de mort a été abolie, en matière politique, par la Constitution de 1848 (art. 5), et remplacée par la déportation dans une enceinte fortifiée.

(3) Toutefois, en cas de récidive, l'emprisonnement peut s'élever jusqu'à 10 ans (Voir ci-après, page 13).

(4) La confiscation générale a été abolie par la Charte de 1830, et par la loi du 28 avril 1832.

Peines afflictives et infamantes (Art. 12 à 31).

Mort
- exécutée...
  - par décapitation publique (1) ;
  - au lieu indiqué par l'arrêt de condamnation.
- inexécutable
  - les jours de fêtes nationales ou religieuses, et les dimanches ;
  - contre une femme enceinte, jusqu'à sa délivrance.
- supplice auquel le parricide est conduit en chemise, nu-pieds et la tête couverte d'un voile noir (2) ;
- avec faculté pour la famille de réclamer le corps du supplicié, à charge de le faire inhumer sans aucun appareil.

Travaux forcés
Loi du 30 mai 1854,
dite de
la transportation (3).
- soit *à perpétuité* ;
- soit *à temps*, pour une durée *de 5 à 20 ans*, avec faculté de les élever à 40 ans en cas de récidive ;
- subis dans les colonies pénitentiaires (Guyane et Nouvelle-Calédonie) ;
- entraînant
  - s'ils sont prononcés pour moins de 8 ans, l'obligation de résider dans la colonie un temps égal à la durée de la condamnation ;
  - au delà de 8 ans, l'obligation d'une résidence perpétuelle dans la colonie ;
- consistant dans un emploi à des travaux de colonisation, avec possibilité pour le condamné de jouir de certains droits, et de devenir concessionnaire de terrains ;
- applicables aux femmes et aux filles ;
- remplacés pour les *sexagénaires* par la *réclusion* perpétuelle ou temporaire.

Déportation
(Peine politique perpétuelle.)
- dans une enceinte fortifiée
  - remplaçant, en matière politique, la peine de mort, abolie le 4 novembre 1848 (loi du 8 juin 1850) ;
  - subie à la presqu'île Ducos (Nouvelle-Calédonie) (loi du 23 mars 1872) ;
- simple
  - applicable dans les cas où elle était édictée par le Code pénal ;
  - subie à l'île des Pins (Nouvelle-Calédonie) (loi du 23 mars 1872) ;
- n'entraînant pas pour le déporté l'obligation directe du travail (4) ;
- astreignant le déporté à la compétence des juridictions militaires ;
- entraînant la condamnation aux travaux forcés à perpétuité pour le déporté qui serait rentré sur le territoire continental de la France.

Détention
(Peine politique.)
- pour une durée *de 5 à 20 ans*; pouvant être élevée à 40, en cas de récidive ;
- subie dans une enceinte militaire (Corte, Ste-Marguerite, Belle-Ile-en-mer);
- ne comportant aucune obligation de travail ;
- laissant au détentionnaire une certaine liberté de communication.

Réclusion
- pour une durée de 5 à 10 ans ;
- subie dans une maison de force, ou maison centrale ;
- entraînant l'obligation du travail.

Peines accessoires. — V. pages 11 et 12.

---

(1) Les criminalistes modernes réclament que l'exécution ait lieu en présence de notables et d'autorités, mais dans l'intérieur d'une prison.
(2) La mutilation du poignet a été supprimée par la loi du 28 avril 1832.
(3) Ne pas confondre avec la transportation par mesure administrative, édictée par le décret du 8 décembre 1851, contre les membres des sociétés secrètes et les surveillés de la haute police, dispositions abrogées par le décret du 24 octobre 1870.
(4) L'obligation du travail résulte indirectement pour le déporté de ce fait qu'il n'a pas la jouissance de ses biens personnels, et que l'administration n'est tenue de lui fournir que des instruments de travail et des moyens d'établissement.

Peines infamantes (Art. 32 à 36).

Bannissement
(Peine politique.)
- pour une durée de 5 à 10 ans ;
- consistant dans l'expulsion hors du territoire français ;
- entraînant, pour le banni qui rentrerait sur le territoire, une détention égale au moins, et double au plus, de la durée de la peine restant à expier ;
- n'entraînant pas l'interdiction légale.

Dégradation civique
- à la fois peine politique et peine de droit commun ;
- toujours perpétuelle ;
- consistant dans
  - la destitution et l'exclusion de toute fonction publique ;
  - la privation des droits politiques ;
  - l'incapacité d'être juré, expert ou témoin ;
  - la privation de certains droits de famille ;
  - l'exclusion de l'armée et de l'enseignement ;
- pouvant être accompagnée, en outre, d'un emprisonnement n'excédant pas 5 ans.

Nota. La dégradation civique est aussi une peine accessoire : — conséquence obligatoire et perpétuelle de toute peine afflictive ou infamante (V. p. 11).

Peines correctionnelles (Art. 40 et 41).

Emprisonnement
- de 6 jours à 5 ans, suivant la gravité du délit ;
- pouvant être élevé jusqu'à 10 ans, en cas de récidive (V. p. 13) ;
- réductible à 1 jour, en cas de circonstances atténuantes ;
- entraînant l'obligation du travail ;
- subi
  - lorsqu'il ne dépasse pas un an et un jour, — dans les prisons départementales (1) ;
  - lorsqu'il excède une année,
    - soit dans une maison centrale ;
    - soit dans un établissement cellulaire ; — dans ce cas, la durée de la peine est réduite d'un quart (loi du 5 juin 1875).

Amende
- de 16 francs au moins ;
- dont le maximum, variable suivant les délits, peut s'élever indéfiniment dans certains cas (2) ;
- recouvrable sur tous les biens du condamné par la voie de la contrainte par corps (loi du 23 décembre 1871) ;
- primée, en cas d'insuffisance des biens du condamné, par les restitutions et les dommages-intérêts (art. 54).

Peines de simple police.

Emprisonnement de simple police
- de 1 à 5 jours ;
- subi dans les prisons municipales ;
- sans aucun travail obligatoire.

Amende : de 1 à 5 francs ; — de 6 à 10 francs ; — de 11 à 15 francs.

---

(1) Aux termes de la loi du 5 juin 1875, ces prisons doivent être transformées, au fur et à mesure des crédits disponibles, en établissements cellulaires.

(2) L'abus de confiance, notamment, est puni de l'emprisonnement et d'une amende qui peut s'élever au quart des restitutions et dommages-intérêts dus aux parties lésées. (Art. 406.)

Peines accessoires.

Double incapacité
- de disposer ou de recevoir par donation ou par testament, — avec nullité du testament antérieurement fait.
- Cette double incapacité, jointe à la dégradation civique et à l'interdiction légale, a remplacé la *mort civile*, abolie en 1854 (loi du 31 mai).
- Accessoire de plein droit des peines afflictives perpétuelles (mort, travaux forcés à perpétuité, déportation).

Dégradation civique
- Accessoire de plein droit de toute peine afflictive *ou* infamante, même temporaire (art. 28, C. P.);
- survivant à la peine subie et durant jusqu'à la mort;
- consistant en plusieurs incapacités. — V. p. 10.

Interdiction légale
- Accessoire de plein droit des peines *afflictives et infamantes* (art. 29 à 31, Code Pénal);
- perpétuelle avec les peines perpétuelles; — temporaire avec les peines temporaires;
- destinée à priver le condamné de la jouissance de ses biens, tout en sauvegardant ses droits et ceux de sa famille;
- analogue dans ses effets à *l'interdiction judiciaire*: — nomination d'un tuteur et subrogé-tuteur;
- cessant en même temps que la peine principale.

Publicité par affiche } à la suite de toute condamnation criminelle.

Relégation
- Mesure, non de répression, mais de défense sociale, contre les *récidivistes incorrigibles*, destinée à les éloigner de la France (loi du 27 mai 1885);
- prononcée
  - *obligatoirement* par les tribunaux en même temps que la condamnation principale;
  - après plaidoirie d'un *défenseur nommé d'office* (1). — La procédure des flagrants délits (loi du 23 mai 1863) cesse d'être applicable;
- lorsqu'il y a récidive de 2, 3, 4 ou 7 crimes ou délits (selon les cas), dans un intervalle de 10 ans (loi de 1885, art. 4);
- à condition que le condamné soit âgé de 21 à 60 ans;
- consistant dans un internement *perpétuel* dans les colonies, — après que la dernière peine a été subie ou *presque subie*.
- 2 degrés
  - 1° **Relégation collective**: — avec travail obligatoire dans un établissement pénitentiaire;
  - 2° **Relégation individuelle**: — laissant les relégués en état de liberté, avec concession de terres ou louage de services.
- *Faveur administrative* accordée à la bonne conduite et révocable dans des cas déterminés. V. décret réglementaire du 26 novembre 1885; autres décrets du 22 août et du 25 novembre 1887.

---

(1) Même en police correctionnelle, l'inculpé qui est passible de la relégation doit toujours être assisté d'un conseil, à peine de nullité (art. 11, loi 27 mai 1885).

Peines accessoires (*Suite*).

Interdiction de certains séjours
- *remplaçant la surveillance de la haute police*, abolie par la loi sur les récidivistes (art. 19) ;
- signifiée spécialement au condamné ;
- accessoire des peines criminelles ou correctionnelles, sous les distinctions des articles 44 à 50, C. P.

Interdiction de certains droits
- accessoire d'une peine correctionnelle dans quelques cas spéciaux ;
- privant le condamné d'un ou plusieurs droits civils, civiques ou de famille (art. 42, C. P.).

Confiscation spéciale
- dans certains cas prévus par la loi ; — même après l'acquittement (par exception).
- Le Code Pénal de 1810, comme l'ancien droit, connaissait la *confiscation générale* ; — supprimée définitivement par la Charte de 1814.

Contrainte par corps
- pour le recouvrement des restitutions et dommages-intérêts (loi du 22 juillet 1867) ;
- pour le recouvrement de l'amende et des frais de justice (loi du 23 décembre 1871) ;
- — pouvant être appliquée pour 2 jours au moins et 2 ans au plus, suivant la quotité de la dette (loi du 22 juillet 1867, art. 8).

Casier judiciaire.

1° — Au greffe de chaque arrondissement
- *bulletins individuels*, classés par ordre alphabétique, — pour toute personne *née dans l'arrondissement*.
- — constatant tous *jugements de condamnation* en matière criminelle ou correctionnelle, *faillites*, et *réhabilitations*.

2° — Casier central
- tenu au ministère de la justice, — pour les individus d'origine étrangère ou inconnue.

CUMUL ET RÉCIDIVE

1° Cumul.

Définition — Il y a *cumul* ou *réitération* lorsque plusieurs infractions sont commises avant aucune condamnation prononcée.

Principe du non-cumul des peines
- « En cas de conviction de plusieurs crimes ou délits, la peine la plus forte (selon l'échelle des peines) sera seule prononcée. » (Art. 365, I. Cr.)
- Lorsque les divers délits ont été jugés séparément :
  1° Absorption de la peine la plus faible dans la plus forte ;
  2° Peines égales en degré : elles sont additionnées jusqu'au maximum légal.

Nota. — En matière de contravention, les peines sont toujours additionnées.

2° Récidive.

Définition — Il y a *récidive lorsque, après une condamnation prononcée, une infraction nouvelle est commise.*

Généralités
- La récidive suppose une plus grande perversité chez l'agent du délit, et fait présumer que la première peine n'a pas été suffisante.
- est prouvée par les énonciations du *casier judiciaire* ; — V. p. 12.
- entraîne, en principe, une aggravation de peine, sous les distinctions suivantes :

Récidive

De crime à crime (1). Art. 56.
On monte d'un degré sur l'échelle des peines.
Nota.
1° Au lieu de passer d'une peine temporaire à une peine perpétuelle, on applique le *maximum* de la peine temporaire (ou même le *double*) ;
2° On ne monte pas jusqu'à la peine de mort (sauf exception) ;
3° La distinction entre les 2 échelles (politique et de droit commun) n'est pas rigoureusement observée.

De crime à délit. Art. 57.
— La peine correctionnelle est élevée au *maximum*, ou même *doublée*.
— Elle est complétée, en outre, par l'*interdiction de certains séjours*, de 5 à 10 ans.

De délit à crime. Art. 58.
Même aggravation ; — à condition que la première peine ait été *de plus d'une année* d'emprisonnement ;
— sinon, pas d'aggravation.

De délit à délit.
Pas d'aggravation. — Le juge *pourra* seulement se montrer plus sévère dans l'application de la peine ou dans l'emploi des circonstances atténuantes.

Contraventions de simple police
Il n'y a d'aggravation que si les diverses infractions ont été commises :
1° dans l'année . . . . } art. 483, I. Cr.
2° dans le ressort du même tribunal de police. }
Les contrav. prévues par des lois spéciales n'ont pas de récidive légale.

Observations
En matière de *presse*, — il n'y a pas de récidive (loi 1881, art. 63).
En matière d'*ivresse publique*, — la 2ᵉ récidive transforme la contravention en délit correctionnel ; la 3ᵉ récidive aggrave de nouveau la peine (système exceptionnel, loi 1873).
Certaines récidives ont pour effet d'entraîner la *relégation* : — récidivistes incorrigibles. V. p. 11.

---

(1) Cette expression et les suivantes sont employées *brevitatis causâ* ; rigoureusement, il faut les remplacer par celles-ci :

Récidive
- de peine criminelle à peine criminelle.
- de peine criminelle à peine correctionnelle.
- de peine correctionnelle à peine criminelle.
- de peine correctionnelle à peine correctionnelle.

Peine prononcée antérieurement. — Peine encourue actuellement.

QUESTIONS PÉNITENTIAIRES

EMPRISONNEMENT ET TRANSPORTATION

1° Emprisonnement.

Autrefois, { l'emprisonnement se réalisait d'une manière uniforme, par la mise en commun des condamnés. — Dans ces conditions, la prison ne peut être qu'une école perfectionnée de dépravation. — Seul encouragement, très insuffisant : l'espoir d'une grâce ou réduction de peine.

Système cellulaire :
- Système d'Auburn (New-York). { Séparation des détenus pendant la nuit ; Le jour, travail en commun avec silence obligatoire.
- Syst. de Philadelphie (Pensylvanie). { Cellule de jour et de nuit. *Nota.* Si l'isolement des détenus n'est pas atténué par de fréquentes visites d'aumôniers ou personnes charitables, il a pour conséquences la folie et le suicide.

Système irlandais :
Le régime se modifie selon les diverses phases de la peine :
1re phase. — Cellule de jour et de nuit (pendant 8 ou 9 mois).
2° — { Travail en commun ; — délivrance de notes ou bons points. Un certain nombre de bons points ouvre la 3° période.
3° — Délivrance du *ticket of leave*, ou libération conditionnelle.
Ce système est en faveur aujourd'hui dans beaucoup d'Etats.

En France,
L'emprisonnement cellulaire, établi en principe par la loi du 5 juin 1875 n'est que très peu pratiqué.
Le système de la *libération conditionnelle* a été inauguré par la loi Bérenger du 14 août 1885. — V. p. 34.
— On critique surtout la réunion dans les prisons départementales des diverses catégories de détenus qui devraient être soumis à des régimes essentiellement différents.

3 catégories :
1° emprisonnement *de garde*, ou *préventif*, applicable aux prévenus et accusés ;
2° emprisonnement *de peine*, ou *répressif*, applicable aux condamnés ;
3° emprisonnement d'*éducation correctionnelle*, applicable aux mineurs de 16 ans, acquittés pour non-discernement.

2° Transportation.

Le transfert des condamnés dans des colonies lointaines est en grande faveur auprès de certains criminalistes.

En France, triple application de ce système :
1° *Transportation* proprement dite : — mode d'exécution de travaux forcés (loi du 30 mai 1854) ;
2° *Déportation*, pour les crimes politiques (loi du 23 mars 1872) ;
3° *Relégation*, applicable aux récidivistes incorrigibles (loi du 27 mai 1885).

LIVRE DEUXIÈME

DES PERSONNES PUNISSABLES, EXCUSABLES ET RESPONSABLES

Non-culpabilité. — Excuses légales.

Non-culpabilité
- Démence au temps de l'action ; } art. 64, Code Pénal.
- Contrainte irrésistible. . . . . }
- Légitime défense de soi-même ou d'autrui :
  - 1° en cas d'agression directe (art. 328) ;
  - 2° — d'escalade ou effraction *nocturne* d'une habitation ;
  - 3° — de vol ou pillage commis avec violence.
  } art. 329.
- Ordre de la loi, avec commandement de l'autorité légitime (art. 327).

Nota. { Ces faits ne doivent pas être soumis au jury sous forme de questions distinctes ; les jurés y répondent en déclarant l'accusé *non coupable*.

EXCUSES LÉGALES

Les excuses légales (Art. 65.)
- sont taxativement prévues par la loi (différence essentielle avec les circonstances atténuantes laissées à l'appréciation du jury et du juge) ;
- font l'objet d'une question distincte posée au jury. (V. p. 29.)
- sont de 2 sortes :
  - *excuses absolutoires :* — entraînant l'exemption totale de la peine ;
  - *excuses atténuantes :* — entraînant une simple diminution de peine.

Excuses absolutoires
- Soustractions entre mari et femme, entre ascendant et descendant (art. 380).
- Recel d'un criminel par l'époux ou l'épouse, les ascendants ou descendants, frères et sœurs, ou alliés au même degré (art. 248).
- Evasion de détenus : — la négligence des gardiens est *excusée* si les évadés sont repris dans les 4 mois sans avoir commis d'autre délit (art. 247).
- Enlèvement de mineure, suivi de mariage non annulé (art. 357).
} Exemption totale de la peine.
- Sédition ou rébellion, — si les coupables se retirent au 1er avertissement de l'autorité (art. 100 et 213) ;
- Complots politiques . . . . . } Prime d'impunité donnée à la dénonciation.
- Emission de fausse monnaie. }
} La peine accessoire de l'interdiction de certains séjours peut être prononcée.

Ces cas ne sont que des exemples; il y en a d'autres prévus par le Code Pénal.

Excuses atténuantes
- Minorité de 16 ans, si le mineur a agi avec discernement. — V. p. 16.
- Provocation
  - par coups et violences graves (art. 321) ;
  - par escalade ou effraction d'une habitation pendant le jour (art. 322) ;
  - par flagrant délit d'adultère (art. 324) ;
  - par outrage violent à la pudeur, en cas de castration (art. 325).

Les cas ci-dessus ne sont que des cas généraux; le Code Pénal admet d'autres excuses atténuantes dans des cas spéciaux.

Effets { L'*atténuation de peine* est déterminée par disposition spéciale de la loi. — V. art. 326, au cas de provocation.

Modification de la peine en raison de l'âge du coupable (Art. 66 à 72).

1° MINORITÉ DE 16 ANS

Question du *non-discernement*.

Le mineur âgé de moins de 16 ans,
- **s'il a agi sans discernement est acquitté**
  - et remis à ses parents, s'ils le réclament et s'ils présentent des garanties suffisantes ;
  - à défaut de parents, il est envoyé dans une maison de correction pour un temps ne pouvant excéder sa 20ᵉ année (1) ;

  art. 66.

- **s'il a agi avec discernement est condamné,**
  - mais, dans ce cas, la minorité constitue à son profit une *excuse atténuante* qui réduit toujours la peine à un simple emprisonnement (2) :
    - 1° en cas de crime,
      - au lieu de la mort, des travaux forcés à perpétuité ou de la déportation, { Emprisonnement de 10 à 20 ans ;
      - au lieu des travaux forcés à temps, de la détention ou de la réclusion, { Emprisonnem^t du tiers à la moitié de la durée de ces peines ; *art. 67.*
      - au lieu du bannissement ou de la dégradation civique, { Emprisonnement de 1 à 5 ans.
    - 2° en cas de délit, Moitié de la peine encourue par un majeur de 16 ans (art. 69).

Bénéfice de juridiction. (Art. 68.)
- La juridiction correctionnelle remplace la cour d'assises ; — sauf dans les 2 cas suivants :
  - 1° S'il a des complices âgés de plus de 16 ans ;
  - 2° Si son crime est passible d'une peine perpétuelle ou de la détention
- En cour d'assises, une question spéciale est posée au jury, sur le non-discernement (V. p. 29).

2° AGE AVANCÉ DU CONDAMNÉ

Le septuagénaire { passible de la déportation, est condamné à la détention à perpét. (art. 71

Le sexagénaire { passible des travaux forcés à perpétuité ou à temps, est condamné à réclusion, soit à perpétuité, soit à temps (3).

Responsabilité civile (Art. 73, 74).

Personnes civilement responsables du fait d'autrui
- Le père et la mère, — du fait de leurs enfants ;
- Les maîtres et commettants, — pour leurs domestiques ;
- Les instituteurs et artisans, — pour leurs élèves et apprentis ;   *Art. 1384 C. Civ.*
- Les aubergistes et hôteliers, — pour les criminels qu'ils ont logés plus de 24 heures sans inscrire régulièrement leurs nom, profession et domicile.   *Art. 73 C. Pénal*

---

(1) La détention correctionnelle n'est pas une peine, puisque celui qui y est astreint est préalablement acquitté c'est une mesure de protection par laquelle l'administration se charge de l'éducation de l'enfant au défaut de famille. Aussi, une sentence de cette nature ne peut servir de base à la récidive ; elle cesse, non par voie grâce, mais par simple décision ministérielle, dès que l'enfant est réclamé par quelqu'un qui présente des garanties suffisantes.

(2) Cet emprisonnement est subi dans une maison de jeunes détenus. Dans les deux premiers cas, il peut être accompagné de l'interdiction de certains séjours.

(3) Cette disposition, applicable aux femmes, a été introduite par la loi du 30 mai 1854.

CIRCONSTANCES ATTÉNUANTES (Art. 463).

Les circonstances atténuantes
- ont été généralisées par la loi de 1832, pour éviter au législateur une refonte complète du C. P. dans le sens d'un adoucissement de peine réclamé par l'opinion publique ;
- sont applicables
  - en matière criminelle, — à tous les crimes ;
  - en matière correctionnelle
    - 1° à tous les délits prévus par le Code Pénal.
    - 2° aux délits prévus par des lois spéciales, lorsque ces lois ont formellement autorisé le recours à l'article 463 ;
  - en matière de simple police { — même distinction que pour les délits ;
- sont laissées à l'appréciation et à la conscience du tribunal ou du jury.

Peines criminelles
- On descend de 1 degré (obligatoirement) ou de 2 degrés (facultativement) sur l'échelle des peines, sans jamais passer d'une échelle à l'autre. — V. la *double échelle*, p. 8.
- On franchit le bannissement et la dégradation civique ; — sauf au cas de déportation, où l'on s'arrête au bannissement ;
- Si la loi prononce le maximum (récidive), le minimum forme le 1er degré de l'abaissement de peine.
- Comme extrême limite d'abaissement : application des peines de l'article 401, ci-après :
- Art. 401.
  - Emprisonnement de 1 à 5 ans ;
  - Amende (facultative) de 16 à 500 francs ;
  - Interdiction (facultative) des droits civils, civiques et de famille, de 5 à 10 ans ;
  - Interdiction (facultative) de certains séjours, de 5 à 10 ans ;

Peines correctionn^{lles} — Latitude absolue laissée au juge
- d'abaisser la peine jusqu'au minimum légal :
  - — emprisonnement, même au-dessous de 6 jours ;
  - — amende, même au-dessous de 16 francs ;
- de prononcer séparément l'une ou l'autre de ces peines ;
- et même de substituer l'amende à l'emprisonnement.
- Exception : pour les délits de presse, abaissement obligatoire d'au moins moitié de la peine.

Contraventions. — Même abaissement facultatif jusqu'à 1 franc d'amende.

TABLEAU SELON L'ART. 463.

PÉNALITÉ ÉDICTÉE CONTRE LE CRIME OU DÉLIT	PÉNALITÉ MITIGÉE PAR L'EFFET DES CIRCONST. ATTÉNUANTES
Mort.	travaux forcés à perpétuité ; ou travaux forcés à temps.
Travaux forcés à perpétuité.	travaux forcés à temps ; ou réclusion.
Déportation dans une enceinte fortifiée.	déportation simple (seule applicable dans le cas des articles 96 et 97) ; ou détention.
Déportation simple.	détention ; ou bannissement.
Travaux forcés à temps.	réclusion ; peines de l'art. 401 ; emprisonnement de 2 à 5 ans.
Réclusion, détention, bannissement et dégradation civique	peine de l'art. 401 ; emprisonnement de 1 à 5 ans.
Emprisonnement	réductible jusqu'à 1 jour ; remplaçable par l'amende.
Amende	réductible jusqu'à 1 franc.
Maximum d'une peine afflictive	minimum de cette peine ; ou peine inférieure.

Nota. Lorsqu'il y a lieu tout à la fois de mitiger la peine (circonstances atténuantes) et de l'aggraver (récidive), on commence par l'aggravation ; puis on fait subir à la peine ainsi fixée l'abaissement voulu par la loi.

DROIT CRIMINEL

DE LA COMPLICITÉ (Art. 59 à 63).

Les complices
- encourent, *en principe*, la même peine que les auteurs du crime ou délit, — en tenant compte des circonstances aggravantes ou des excuses qui affectent la criminalité du fait lui-même ;
- peuvent être, *en fait*, frappés d'une peine plus faible ou plus forte que l'auteur principal, — à raison des circonstances atténuantes, récidive, minorité de 16 ans.
- — Chacun des éléments constitutifs de la complicité doit être mentionné dans les questions soumises au jury.

Nota.
- Ces principes sont applicables en matière de crimes ou délits (sauf exception prévue par la loi) ;
- En matière de contraventions, la complicité n'est pas punissable.

3 sortes de complices :

par instigation
- ceux qui provoquent à l'action par dons, menaces, artifices, etc. (1) ;
- ceux qui donnent des instructions pour commettre le crime ;

par aide et assistance
- ceux qui procurent les armes, instruments ou moyens, sachant qu'ils doivent servir à la perpétration d'un crime ou délit ;
- ceux qui aident ou assistent l'auteur principal dans la préparation ou la consommation de l'action ;

par recel
- ceux qui détiennent des choses détournées ou enlevées, en connaissant la provenance criminelle ou délictueuse.
- — Les recéleurs peuvent être punis alors même que les auteurs principaux sont inconnus. (Cass. 25 février 1843 et 4 mai 1848.)

Atténuations spéciales aux recéleurs
- La peine de mort est remplacée à leur égard par les travaux forcés à perpétuité (loi du 28 avril 1832) ;
- Les travaux forcés à perpétuité ou la déportation ne sont encourus que s'ils ont eu connaissance des circonstances entraînant la mort ou une peine perpétuelle contre les auteurs principaux ; sinon ils ne sont passibles que des travaux forcés à temps.

4me cas de complicité.
- Sont assimilés aux complices ceux qui fournissent *habituellement* logement, lieu de retraite ou de réunion à des malfaiteurs, connaissant leur conduite criminelle.
- *Nota.* Les complices proprement dits sont complices d'un ou de plusieurs faits ; les logeurs et aubergistes sont complices des malfaiteurs, c'est-à-dire de tous les méfaits que ceux-ci ont pu commettre.

---

(1) Sous réserve des peines spéciales portées contre les instigateurs de crimes politiques.

ORGANISATION ET COMPÉTENCE (1)
DES TRIBUNAUX DE RÉPRESSION

1° JURIDICTIONS D'INSTRUCTION

Juge d'instruction — Juge désigné pour 3 ans, parmi les membres du tribunal de 1re instance.
- Double qualité :
  - Officier de police judiciaire, chargé d'informer contre les inculpés (instruction préparatoire. — V. p. 25 et 26.) ;
  - Magistrature d'instruction ; remplaçant, depuis 1856, la juridiction de la Chambre du conseil ; — chargé de statuer sur la *culpabilité probable* de l'inculpé. (V. Issue de l'instruction préparatoire, p. 26.)

Chambre des mises en accusation
- Chambre de la Cour d'appel, composée de 5 membres ;
- Chargée de statuer sur l'opportunité de renvoyer l'inculpé devant la Cour d'assises ; — pouvant, s'il y a lieu, le renvoyer devant une autre juridiction, ou prononcer un arrêt de non-lieu.
- *Juridiction d'appel*, en certains cas, à l'égard des actes du juge d'instruction (V. p. 32).

2° JURIDICTIONS DE JUGEMENT

Tribunaux de simple police
- Organisation :
  - Le *juge de paix* (2) ;
  - 1 commissaire de police, organe du ministère public ;
  - 1 greffier, chargé des écritures, faisant partie intégrante du tribunal.
- Compétence : Répression des *contraventions* — jusqu'à 15 francs d'amende et 5 jours de prison.
- Appel : devant les tribunaux correctionnels (3).

Tribunaux correctionnels
- Organisation :
  - 3 juges du tribunal d'arrondissement, composant la *Chambre correctionnelle* ;
  - 1 procureur de la République et des substituts, organes du ministère public ;
  - 1 greffier, chargé des écritures.
- Compétence :
  - Appel des jugements de simple police ;
  - En 1er ressort, jugement des *délits* (amende de 16 fr. au moins, ou emprisonnement de plus de 5 jours).
- Appel :
  - devant la *Chambre des appels de police correctionnelle* (Chambre de la Cour d'appel) ;
  - recevable dans tous les cas (V. p. 32).

---

(1) Il s'agit ici de la compétence *ratione materiæ*. — Pour la compétence *ratione loci*, ou compétence relative, V. p. 24.
(2) La loi du 27 janvier 1873 a retiré aux maires et adjoints les fonctions de juges de simple police qui leur étaient attribuées par les articles 138, 139, 140 et 144 du Code d'instruction criminelle.
(3) Cet appel est recevable contre tout jugement prononçant l'*emprisonnement*, ou des amendes, restitutions et réparations civiles *excédant* 5 *francs*.

JURIDICTIONS DE JUGEMENT (*Suite*).

Cour d'assises
- *Organisation* : Juridiction essentiellement éphémère, dont la composition varie à chaque session : — elle siège au chef-lieu de chaque département, tous les 3 mois, et plus souvent s'il est besoin.
  - 1° — Jury de 12 membres, pour chaque affaire (V. ci-dessous);
  - 2° — 3 juges :
    - 1 président, choisi parmi les conseillers de la Cour d'appel ;
    - 2 assesseurs (conseillers à la Cour, ou juges au tribunal ;
  - — 1 magistrat du ministère public (procureur général, avocat général, ou procureur de la République, suivant les cas ;
  - — 1 greffier de la cour ou du tribunal, suivant les cas.
- *Compétence* : Plénitude de juridiction. — Bien qu'en principe la Cour d'assises ne soit saisie que des crimes, la dégénérescence des faits peut l'amener à statuer sur un simple délit.
  - *Sans appel* possible (rien que le pourvoi en cassation).

Cour de cassation
- *Organisation* : *Chambre criminelle*, composée d'un président et de 15 membres.
- *Compétence* : Examen des pourvois des condamnés et du ministère public, au point de vue de l'application de la loi pénale et de l'observation des formes. — V. p. 33.

Formation du Jury.

Textes : Jusqu'à la loi de 1872, *quatorze* lois ont été portées sur le jury ; Actuellement : loi du 21 novembre 1872.

Pour être juré, il faut :
- être âgé de 30 ans révolus ;
- jouir de ses droits politiques, civils et de famille ;
- n'être dans aucun cas :
  - d'incapacité — n'avoir pas été condamné à trois mois de prison pour faits non-politiques, à une peine quelconque pour vol, escroquerie, etc.) ;
  - d'incompatibilité (député, ministre, certains fonctionnaires, militaires, ministres du culte, serviteurs à gages, etc.).

Liste annuelle : comprenant de 400 à 600 jurés par département (3.000 pour la Seine) ; formée d'après 3 listes préparatoires : une de canton, une d'arrondissement, une de département. Ces listes sont dressées par des commissions respectivement présidées par le juge de paix, par le président du tribunal d'arrondissement et par le président de la cour ou du tribunal chef-lieu d'assises.

Liste de session : composée de 36 noms tirés au sort, en audience publique, dix jours avant l'ouverture des assises.

Jury de jugement : composé de 12 jurés désignés par le sort sur la liste de session. — On adjoint, s'il y a lieu, un ou deux jurés suppléants. L'accusé et le ministère public peuvent récuser tels jurés qu'il leur plait, sans donner de motifs ; ce droit n'a de limite que le nombre de 12 jurés, nécessaire pour constituer le jury.

JURIDICTIONS D'EXCEPTION

Juridictions d'exception :
- Conseils de guerre militaires (loi du 9 juin 1857), compétents pour juger les individus appartenant à l'armée de terre, et connaissant des crimes et délits commis sur un territoire en état de siège (1) ;
- Conseils de guerre maritimes (loi du 4 juin 1858), même compétence, spéciale à l'armée de mer ;
- Tribunaux maritimes (loi du 4 juin 1858), juridiction mixte composée d'officiers et de magistrats, et connaissant des actes de piraterie ou des faits relatifs à la police et à la sûreté des ports, arsenaux et établissements de la marine, quelle que soit la qualité des inculpés ;
- Tribunaux maritimes commerciaux (décret-loi du 24 janvier 1852), chargés de la répression des délits commis par les marins du commerce.

---

(1) Voir la compétence spéciale des conseils de guerre en ce qui touche les hommes de la réserve et de l'armée territoriale. — *Lois militaires résumées en tableaux synoptiques*, par A. Wilhelm.

CODE D'INSTRUCTION CRIMINELLE

DISPOSITIONS PRÉLIMINAIRES

ACTION PUBLIQUE ET ACTION CIVILE (Art. 1 à 4).

L'action publique

- a pour but d'obtenir la punition du coupable (application d'une peine);
- appartient à la société (vindicte publique);
- est exercée
  - — ordinairement, par le ministère public;
  - — dans certains cas, par les agents des contributions directes, des douanes, des forêts, etc. ;
- est, *en principe*, indépendante de toute plainte ou autorisation quelconque ;
- est subordonnée quelquefois
  - à la plainte de la partie lésée
    - *Délit* commis à l'étranger (V. p. 22).
    - Rapt d'une fille mineure suivi de mariage.
    - Offense envers un souverain. ⎫
    - Injures envers un particulier. ⎬ Loi 1880, sur la presse.
    - Contrefaçon industrielle,... etc....
  - au jugement de questions préjudicielles
    - Délit de suppression d'état. (Art. 327, C. civil.)
    - Rapt suivi de mariage. (Il faut que le mariage ait été annulé.)
    - Banqueroute. (Il faut déclaration de faillite ; mais la juridiction répressive peut déclarer la faillite. *Controv.*)
  - à une autorisation préalable
    - Haute trahison par le Président de la République.
    - Crimes commis par les ministres.
    - — Autrefois, il fallait autorisation du Conseil d'État pour poursuivre des fonctionnaires. (Constitution de l'an VIII, art. 75 ; abrogé en 1870.)
- ne peut atteindre que le délinquant (et non ses héritiers).
- s'éteint
  - par la mort du délinquant ;
  - par la prescription (1)
    - 10 ans, pour les crimes ;
    - 3 ans, pour les délits ;
    - 1 an, pour les contraventions.
  - par l'amnistie (en vertu d'une loi) ;
  - — exceptionnellement, par la transaction (quand la poursuite émane de certaines administrations).
- est suspendue
  - par la folie du délinquant ;
  - par la qualité de sénateur ou député, *pendant la durée des sessions*, sauf le flagrant délit.
- s'épuise
  - par le fait d'une décision ayant l'*autorité de la chose jugée*. — Peut-on poursuivre un accusé acquitté en qualifiant *le même fait d'une autre façon* ? — *Controv.*

L'action civile

- a pour but la réparation du préjudice causé par le délit ;
- appartient à la partie lésée (et à ses héritiers et ayants-cause, sauf pour quelques délits spéciaux).
- est exercée
  - contre le délinquant, ou contre ses héritiers ; — soit devant la juridiction répressive, conjointement avec l'action publique;
  - — soit devant la juridiction civile isolément.
- est subordonnée à l'action publique { *Le criminel tient le civil en état*, sauf quelques rares exceptions. (V. ci-dessus.)
- s'éteint
  - par la renonciation de la partie lésée (pardon, transaction);
  - par la prescription { en principe, même prescription que celle de l'action publique (2).
- s'épuise
  - par le fait d'une décision ayant l'autorité de la chose jugée (soit au civil, soit au criminel).

---

(1) En droit pénal, la prescription est *d'ordre public*; les juges la suppléent d'office. — Elle est *interrompue*, pour les crimes et les délits, par un *acte d'instruction* quelconque. Pour les contraventions, il n'y a pas de cause d'interruption ; la contravention doit être jugée dans l'année.

(2) Le législateur n'a pas voulu qu'on pût faire judiciairement la preuve d'un crime ou d'un délit que la répression ne saurait plus atteindre. Mais lorsque l'action publique a été exercée, si elle a conduit à la constatation du délit, l'action civile reprend sa durée normale de 30 années. — A côté de l'action civile, naissant du délit et prescriptible par 10 ans, 3 ans ou 1 an, il peut y avoir une action de droit commun, née d'un contrat, quasi-contrat ou quasi-délit ; cette dernière n'est pas touchée par la prescription de droit pénal.

INFRACTIONS COMMISES A L'ÉTRANGER (Art. 5, 6, 7).

En principe, la loi pénale est *territoriale*. { Elle atteint donc toutes les infractions commises sur le territoire, que le coupable soit français ou étranger (art. 3, C. civil).

En outre, et pour éviter le scandale de l'impunité, il a paru nécessaire de punir aussi les délits commis hors du territoire par des français, ou même (dans certains cas exceptionnels) par des étrangers.

Autrefois, { il fallait qu'il s'agît d'un *crime*, commis par un français sur un français et que la victime eût porté plainte. — (En outre, il fallait, comme aujourd'hui, que l'inculpé fût de retour en France et qu'il n'y ait pas eu jugement à l'étranger.) — Code I. Cr. de 1808.
— Les *délits* échappaient à toute répression en France.

Aujourd'hui, { la loi du 27 juin 1866 (nouveaux articles 5, 6, 7, I. Cr.) a élargi notablement l'application de la loi pénale. — V. explications ci-dessous.

Infractions commises par un français.
—
Conditions requises.
(Loi du 27 juin 1866.)

Pour les crimes . . . . . {
Il faut : — 1° que le coupable soit de retour en France (retour volontaire) ;
2° que l'infraction soit punissable d'après la loi française ;
3° que le coupable n'ait pas été jugé définitivement à l'étranger.

Pour les délits . . . . . {
Il faut, en outre : — 4° que le délit soit punissable également d'après la loi du lieu où il a été commis ;
5° que la poursuite soit exercée par le ministère public (pas de citation directe)
6° qu'il y ait *plainte* de la partie lésée, ou *dénonciation* du gouvernement étranger

Pour les contraventions et les délits en matière fiscale, {
Il faut : — 1° que le territoire où la contravention a été commise soit limitrophe ;
2° que l'Etat voisin autorise la poursuite de ses nationaux dans les mêmes conditions (réciprocité diplomatique).

Cas exceptionnels.
—
(Même loi.)
—

En matière de *crimes* contre la sûreté de l'Etat, fausse monnaie, faux billets de banque, etc... {
Le *Français* peut être poursuivi et jugé *même par contumace*.
L'*étranger* ne peut l'être que s'il a été arrêté en France ou extradé.

Extradition.

Généralités
- **Définition** : L'extradition est l'acte par lequel un gouvernement livre un individu, prévenu d'un crime ou d'un délit, ou condamné à une peine, à un autre gouvernement qui le réclame pour le juger ou lui appliquer la peine.
- **Légitimité** :
  - L'individu réclamé n'a pas un droit acquis à rester sur le territoire de refuge.
  - L'État qui le livre n'a pas son territoire violé, puisqu'il ne suit, en le faisant, que sa volonté ou un traité.

Conditions
- **Faits y donnant lieu** :
  - L'infraction poursuivie doit être un crime ou un délit grave ;
  - Les crimes politiques n'entraînent jamais l'extradition ;
  - Si la peine a été subie, ou si la prescription est acquise dans le pays de refuge, il ne peut y avoir extradition.
- **Personnes sujettes** :
  - L'individu réclamé ne doit pas être sujet du pays requis.
  - **Un État n'extrade jamais ses nationaux.**

Procédure
- **Demande** : Elle est faite par le gouvernement de l'État requérant et par voie diplomatique.
- **Pièces à joindre** :
  - variables suivant les traités ;
  - suivant le degré d'avancement de la procédure (un mandat d'arrêt peut suffire).
- **Instruction de la demande** : La procédure est différente selon les pays.
  - *Système belge* : L'autorité judiciaire intervient, mais avec *voix consultative seulement*.
  - *Système anglais* : L'extradition n'est accordée que si les juridictions anglaises ont vérifié *la culpabilité et la possibilité d'une condamnation*.
  - *Système français* :
    - Avant 1875, l'extradition était accordée par le gouvernement sans aucune instruction judiciaire.
    - Depuis 1875, l'individu est arrêté, une instruction judiciaire commencée ; *mais la justice n'a que voix consultative* ; le gouvernement décide.

Issue de la demande
- **1re hypothèse** :
  - Le gouvernement requis peut se refuser à livrer le réfugié toutes les fois qu'il n'est pas lié par un traité.
  - Il peut encore s'y refuser, malgré l'existence d'un traité, s'il craint que le réclamé, livré pour un crime de droit commun, ne soit replacé en esclavage ou ne soit puni également pour un crime politique.
- **2mo hypothèse** :
  - Il accorde l'extradition.
  - Si le réclamé n'est pas sujet de l'État requérant, avis en est donné à l'État dont il dépend ; et au cas de concurrence de demandes, la préférence est accordée à ce dernier.
  - *Nota.* L'inculpé ne peut être poursuivi, ni la peine subie, que pour le fait visé dans l'acte d'extradition, — à moins que l'inculpé ne consente à l'extension de la poursuite.

POLICE JUDICIAIRE

La police judiciaire
- recherche les crimes, délits et contraventions ;
- rassemble les preuves de l'infraction ;
- livre les inculpés au tribunaux de répression.

Officiers de police judiciaire :
- En matière de contraventions et de délits ruraux et forestiers . . . .
  - les gardes champêtres ;
  - les gardes forestiers ;
- En matière de contraventions de police . .
  - les maires et adjoints ;
  - les commiss^res de police.
- En matière criminelle et correctionnelle,
  - le *juge d'instruction* ;
  - le *procureur de la République* (ou substitut) ;
  - — et ses auxiliaires :
    - juges de paix ;
    - officiers de gendarmerie ;
    - commissaires de police ;
    - maires et adjoints.
- En toute matière . . . les préfets (à Paris, le préfet de police).

La police judiciaire est informée
- par la *plainte* de la partie lésée ; — V. *constitution de partie civile*, p. 25.
- par la *dénonciation* (des fonctionnaires ou des simples citoyens) ;
- par les *rapports et procès-verbaux* des officiers de police ou agents ;
- par le *bruit public*.

COMPÉTENCE (*Ratione loci*)

DES JURIDICTIONS D'INSTRUCTION

Triple compétence :
- 1° Juridiction du lieu du délit ;
- 2°   —   du lieu de la résidence de l'inculpé ;
- 3°   —   du lieu de la capture.   } Art. 23, 63 et 69, I. Cr.
- Priorité.
  - La préférence est accordée à la juridiction qui a été saisie la première.
  - — Entre juridictions saisies en même temps, on suit l'ordre ci-dessus. (*Jurisprudence*.)
- — En matière de contravention, la seule juridiction compétente est celle du lieu de la contravention.

Nota. La compétence une fois fixée pour les juridictions d'instruction entraîne également la compétence des juridictions de jugements.

INSTRUCTION PRÉPARATOIRE

Textes
- Loi du 17 juillet 1856, supprimant la juridiction de la Chambre du conseil ;
- Loi du 14 juillet 1865, relative aux *mandats* ; } dont le texte est incorporé dans celui du Code I. Cr.
- Loi du 20 mai 1863, sur les *flagrants délits*. } en dehors du Code I. Cr.

Nota
- Il n'y a pas d'instruction préparatoire pour les contraventions ; — ce qui suit ne concerne donc que les crimes et délits.
- L'instruction préparatoire, ou information, est *secrète*, sans assistance d'un défenseur : — legs de l'ancienne procédure inquisitoriale.

I. Dans les cas ordinaires
- le procureur de la République et le juge d'instruction agissent de concert :
  - le procureur, par ses *réquisitions* ;
  - le juge d'instruction, par ses *actes d'instruction* ;
- Rien ne peut être fait que sur les réquisitions du *parquet* (sauf les mandats d'amener et de dépôt) ; — tout doit lui être communiqué.

II. Dans les cas flagrants

crimes :
- le procureur de la République (et ses auxiliaires) peut faire lui-même les actes d'instruction ;
- le juge d'instruction peut agir seul.

Art. 32 et 59, I. Cr.

délits :
- *loi spéciale du 20 mai 1863.* — Nota : Cette loi est applicable lorsque le prévenu est passible de la relégation (V. p. 11).
  1° le rôle du juge d'instruction est supprimé ;
  2° le procureur de la République procède à l'interrogatoire de l'inculpé, et le traduit sur-le-champ devant le tribunal ; — ou le lendemain, en le mettant sous mandat de dépôt.
- L'inculpé peut réclamer 3 jours pour préparer sa défense.

Actes d'instruction
- Mandats ; — détention préventive (V. p. 26).
- Interrogatoire de l'inculpé ;
- Audition des témoins ; — (de gré ou de force : amende contre les récalcitrants (art. 71 à 86) ;
- Transport sur les lieux, — en présence du procureur et du greffier ;
- Perquisitions ; — saisies ; — expertises.

La constitution de partie civile
Art. 66 à 68, I. Cr.
- est l'acte par lequel la personne lésée devient partie au procès, — pour en surveiller la marche et obtenir des dommages-intérêts ou restitutions ;
- peut se faire *en tout état de cause*, jusqu'au jugement, — par une *déclaration expresse* ;
- oblige la partie civile au paiement des frais envers le Trésor, — sauf recours contre le condamné.
- *Nota.* La partie civile ne peut plus être entendue comme témoin.

INSTRUCTION PRÉPARATOIRE (*Suite*).

Détention préventive. — Liberté provisoire. — Issue de l'instruction préparatoire.

4 sortes de mandats :
Art. 91 à 112, I. Cr.
- 1° mandat de comparution
  - simple citation à comparaître devant le juge d'instruction.
  - interrogatoire immédiat.
- 2° mandat d'amener
  - avec *contrainte*, si l'inculpé n'obéit pas à la citation.
  - interrogatoire dans les 24 heures.
- 3° mandat de dépôt
  - pouvant être décerné d'office, sans réquisition préalable du procureur de la République ;
  - sans indication du fait poursuivi et de la disposition pénale qui le punit.
  - *en cas de flagrant délit*, décerné par le procureur de la République.
- 4° mandat d'arrêt
  - ayant un caractère plus définitif que le précédent ;
  - délivré seulement sur les réquisitions du procureur de la République ;
  - devant contenir l'indication du fait et de la loi qui le punit.

— Ces 2 derniers mandats constituent proprement la détention préventive ; ils ne peuvent être lancés que sous deux conditions :
1° après l'interrogatoire, ou en cas de fuite ;
2° pour délit grave, entraînant au moins l'emprisonnement.
La détention préventive peut être accompagnée de la *mise au secret*.

Mise en liberté provisoire
Art. 113 à 126, I. Cr.
- pouvant toujours être ordonnée, même en matière criminelle, sur les conclusions conformes du procureur ; — *avec* ou *sans caution* (1).
  Nota. Depuis la loi de 1865, il n'y a plus de détention préventive obligatoire, sauf pour la cour d'assises, après l'ordonnance de prise de corps.
- exigible de plein droit et sans caution : en matière correctionnelle, sous 3 conditions :
  1° si la peine encourue est au-dessous de 2 ans d'emprisonnement ;
  2° si l'inculpé est domicilié ;
  3° s'il n'a pas été condamné précédemment pour *crime* à plus d'un an d'emprisonnement.
- prenant fin
  - facultativement
    - lorsque des circonstances nouvelles et graves rendent la détention nécessaire (art. 115) ;
    - lorsque l'inculpé ne comparaît pas (art. 125).
  - obligatoirement
    - lorsqu'il est renvoyé en cour d'assises ; ordonnance de prise de corps (art. 126).

L'information étant terminée,
- le juge d'instruction (2) rend une *ordonnance* (3)
  - de *non-lieu* (s'il n'y a pas charges suffisantes) ;
  - ou de *renvoi* devant la juridiction compétente :
    - Tribunal de simple police ;
    - Tribunal correctionnel ;
    - Chambre des m. en accusation.
- la Chambre des mises en accusation rend un *arrêt* (4)
  - de *non-lieu* ;
  - ou de *renvoi* devant la juridiction compétente :
    - Tribunal de simple police ;
    - Tribunal correctionnel ;
    - Cour d'assises.

(1) La caution garantit la représentation de l'inculpé à toutes réquisitions et le paiement des frais de justice et amendes.
(2) Autrefois, avant la loi de 1856, la décision qui clôt l'instruction préparatoire était rendue par la Chambre du Conseil.
(3) Les ordonnances du juge d'instruction peuvent, *en certains cas*, être frappées d'*opposition*, dans les 24 heures. (V. art 135, I. Cr.) Cette opposition est portée devant la Chambre des mises en accusation. — C'est en réalité un *appel*. — V. p. 32.
(4) Bien entendu, la Chambre d'accusation n'a à statuer que lorsqu'elle est saisie par le juge d'instruction, concluant à l'existence d'un *crime*.

JURIDICTIONS DE JUGEMENT (1)

Des tribunaux en matière correctionnelle (Art. 179 à 216).

Les tribunaux correctionnels sont saisis
- par le renvoi à eux fait
  - par une ordonnance du juge d'instruction ;
  - par un arrêt de la Chambre des mises en accusation.
- par la citation directe donnée au prévenu
  - par la partie civile (2) ;
  - par les agents forestiers, en cas de délit forestier ;
  - par le ministère public, dans tous les cas.
- par le délit même, s'il est commis à l'audience : la peine encourue est prononcée sur-le-champ contre le prévenu.

Procédure
- Citation à 3 jours au moins, plus un jour par 5 myriamètres, à peine de nullité, non de la citation elle-même, mais de la condamnation, si elle était prononcée par défaut.
- Comparution personnelle du prévenu.
  - Elle est obligatoire, dès que le délit entraîne l'emprisonnem^t ;
  - elle est facultative, si l'amende seule est encourue : dans ce cas, il peut se faire représenter par un avoué.
- En cas de non-comparution : jugement par défaut. — *Opposition*. V. p. 32.

La preuve des délits est faite en audience publique (3)
- par l'interrogatoire du prévenu ; — par son *aveu* (appréciation discrétionnaire du juge) ;
- par procès-verb. ou rapports
  - faisant preuve jusqu'à inscription de faux, s'ils ont été reçus par des officiers de police auxquels la loi a remis ce pouvoir (art. 154, I. Cr.) ;
  - pouvant être combattus par tous moyens de preuve dans le cas contraire.
- par témoins
  - entendus sous prestation de serment, à peine de nullité ;
  - dont le serment et les dépositions sont relatées par le greffier dans des notes visées dans les 3 jours par le président ;
  - parmi lesquels ne doivent figurer ni les ascendants ou descendants du prévenu, ni les frères et sœurs ou alliés au même degré, ni son conjoint (4) ;
  - passibles d'une amende et même de contrainte par corps, s'ils ne satisfont pas à la citation.

Le tribunal
- entend le prévenu ; — les personnes civilement responsables ; — la partie civile ; — et les conclusions du ministère public ;
- rend son jugement séance tenante ou à l'audience suivante ;
- si le fait n'est réputé ni délit ni contravention, — renvoie le prévenu, et statue sur les dommages-intérêts ;
- si le fait est une contravention, — statue en dernier ressort, à moins que le renvoi n'ait été demandé par la partie publique ou la partie civile ;
- si le fait est un délit, — applique la peine et prononce sur les domm.-intérêts ;
- si le fait est un crime,
  - renvoie le prévenu devant le juge d'instruction compétent, s'il y a eu citation directe ;
  - se déclare incompétent, s'il a été saisi par l'ordonnance de renvoi d'un juge d'instruction.

Le jugement
- condamne aux frais, suivant les cas, le prévenu, les personnes civilement responsables du délit, ou la partie civile ;
- énonce les charges relevées contre les parties et les motifs de la sentence ;
- reproduit le texte de la loi appliquée et fait mention de la lecture de ce texte à l'audience, à peine de 50 francs d'amende pour le greffier ;
- est signé par les juges dans les 24 heures ;
- est exécuté à la requête du ministère public et de la partie civile ;
- est envoyé en extrait dans les 15 jours au procureur général ;
- est susceptible d'appel devant la cour. — *Appel*, V. p. 32.

---

(1) Nous n'avons pas à parler ici des tribunaux de simple police, où la procédure est réduite à sa plus simple expression. — V. leur organisation, p. 19.
(2) Le droit de citation directe est refusé à la partie civile, si le délit a été commis hors du territoire français. (Art. 5, § 4.) — V. p. 22.
(3) Devant les juridictions de jugement, les débats sont publics, sauf le *huis-clos* ordonné par le juge, et l'*interdiction de rendre compte* en matière de diffamation (dans certains cas).
(4) Leur audition n'opère nullité que si le ministère public, la partie civile, ou le prévenu s'y sont opposés.

Cour d'assises (Art. 310 à 380).

1° PROCÉDURE ET DÉBATS

I. En la Chambre du conseil
- formation du jury de l'affaire
  - tirage au sort des jurés (V. p. 20);
  - récusation par le ministère public et par l'accusé.
- en présence de l'accusé et de son conseil (1).

II. En audience publique (2)

- Comparution de l'accusé libre et sans fers; — mais accompagné de gardes (art. 310);
- *Serment* individuel et nominal de chacun des jurés (art. 312);
- Lecture de l'arrêt de renvoi et de l'acte d'accusation (art. 313);
- Lecture de la liste des témoins (qui doit avoir été notifiée à l'accusé au moins 24 heures à l'avance); — les témoins se retirent de la salle d'audience (art. 315, 316).

Examen des preuves
- Interrogatoire de l'accusé par le président, — *en vertu du pouvoir discrétionnaire*;
- Audition séparée des témoins (3);
- Confrontations jugées utiles par le président ou réclamées par la défense ou par l'accusation; } art. 317 à 328.
- Représentation à l'accusé et aux témoins des pièces à conviction (art. 329).
- *En vertu du pouvoir discrétionnaire du président* (art. 268):
  - — lecture de toutes pièces utiles;
  - — audition de toutes personnes, même récusables.

Discussion (art. 335)
- Plaidoyer de la partie civile, s'il y en a une;
- Réquisitoire du ministère public;
- Réponse de l'accusé et de son conseil;
- Répliques de la partie civile et du ministère public;
- Réplique de la défense: — « L'accusé ou son conseil auront toujours la parole les derniers. »

Le président
- déclare que les débats sont terminés;
- rappelle aux jurés leurs fonctions et *pose les questions* (V. p. 29);
- ne peut, à peine de nullité, résumer les débats (loi 19 juin 1881).

S'il y a plusieurs accusés, il se fait un débat particulier pour chacun d'eux, dans l'ordre indiqué par le président.

Les jurés ne peuvent manifester leur opinion au cours des débats; ils ne doivent communiquer avec personne.

Règles de détails, — lorsque l'accusé ou un témoin est sourd-muet ou parle une langue ou un idiôme étrangers.

Nota. Les débats et le verdict du jury ne peuvent porter en principe que sur les faits relevés dans l'acte d'accusation; toutefois, ils peuvent être étendus, en outre: 1° aux circonstances aggravantes qui sont résultées des débats, et 2° aux diverses dégénérescences du fait principal. En d'autres termes, la cour, saisie des faits matériels, a le droit d'y donner la qualification légale qu'ils revêtent d'après les débats; mais cette compétence ne peut être étendue à un fait nouveau qui serait révélé au cours de la procédure orale.

---

(1) En cour d'assises, *l'accusé doit toujours être assisté d'un conseil*, à peine de nullité (art. 294). — Il en est de même en police correctionnelle, lorsque la condamnation peut entraîner accessoirement la relégation (loi de 1885, sur les récidivistes. (V. p. 11).

(2) *Sauf le huis-clos* ordonné par la cour, si l'affaire peut causer du scandale. — Le prononcé de l'arrêt, de même que la lecture de l'acte d'accusation, doit toujours se faire en audience publique.

(3) La *non-comparution* d'un témoin peut motiver le renvoi de l'affaire à une autre session; dans ce cas, tous les frais occasionnés par cette absence sont à la charge du témoin défaillant qui peut être contraint par corps. (Art. 354 à 356.)

Faux témoignage. — Si la déposition d'un témoin paraît fausse, il peut être procédé à son arrestation immédiate. (Art. 330.) — Le renvoi de l'affaire à la prochaine session peut alors être requis par les parties ou ordonné d'office. (Art. 331.)

Cour d'assises (Suite).

2° VERDICT

Questions posées au Jury.

Les questions
- sont posées par le président ; — en cas de contestation, l'incident est vidé par un arrêt de la cour ;
- doivent être modelées sur l'acte d'accusation, de manière à donner réponse à tous les chefs d'imputation visés par l'arrêt de renvoi ;
- doivent aussi porter sur les modalités ou qualifications nouvelles que cette imputation aurait subies par suite des débats ; — mais non sur les faits nouveaux qui se seraient révélés ;
- doivent être *exemptes de complexité*, — à peine de nullité (loi du 13 mai 1836).

Il faut donc, pour chaque accusé,
1° une question sur le *fait principal* :
   Cette question contient :
   - le nom de l'accusé,
   - le crime imputé avec tous ses éléments constitutifs,
   - les énonciations de temps et de lieu de nature à préciser le fait,
   - la mention du mot « coupable. »

   Exemple : { N... est-il coupable d'avoir, en 1888, à Paris, commis un meurtre sur la personne de B... ?

2° une question sur chacune des *circonstances aggravantes* :
   Exemple : — Ce meurtre a-t-il été commis avec préméditation ?

3° une question sur chacun des cas d'*excuse* légalement invoqués par la défense ou relevés d'office :
   Exemple : { A-t-il été précédé d'une provocation résultant de coups et violences graves exercés sur l'accusé ?

4° *questions subsidiaires* résultant des débats ;
   Exemple : — A-t-il été commis sans intention de donner la mort à B... ?

5° Si l'accusé a moins de 16 ans, — *question de discernement*.

Aucune question écrite n'est posée sur les circonstances atténuantes, — mais cette question se pose d'office dans la délibération du jury.

Le président
- avertit le jury { qu'il peut, *à la majorité*, formuler une déclaration de circonstances atténuantes en faveur de l'accusé ;
- remet au chef du jury (1) { les questions écrites ; l'acte d'accusation et les pièces (autres que les dépositions écrites des témoins).
- fait retirer l'accusé de l'auditoire ; — et donne au chef de la gendarmie l'ordre écrit d'empêcher toute communicⁿ entre le jury et l'extérieur (art. 343).

Délibération et vote du Jury.

Les jurés étant entrés dans la salle des délibérations, le chef du jury donne lecture de l'*instruction* sur les devoirs du jury. (V. art. 342.)

Principe fondamental : — il n'existe, au criminel, aucune *preuve légale* ; — rien que des *preuves de conscience* et d'*intime conviction*.

Vote au scrutin secret (2)
- Le partage des voix (6 contre 6) profite à l'accusé ;
- La réponse négative (sur la culpabilité) s'exprime donc par : NON.
- affirmative, par OUI, A LA MAJORITÉ.
- Règle contraire pour les circonstances atténuantes :
  En cas d'affirmative : « A LA MAJORITÉ, *il y a des circ. atténuantes en faveur de l'accusé* » ;
  En cas contraire, *il n'est rien dit*.

Proclamation du verdict.

Rentrée des jurés en l'audience publique. — Devant la cour, et *hors la présence de l'accusé*, le chef du jury proclame le résultat de la délibération (art. 348).

Pouvoirs exceptionnels de la cour
- Si le verdict est incomplet, irrégulier ou ambigu, { la cour peut inviter le jury à délibérer de nouveau. (*Jurisp.* conforme au C. de brum. an IV.)
- En faveur de l'accusé déclaré coupable, { la cour peut renvoyer l'affaire à une autre session, si elle pense qu'il a été mal jugé. (Art. 352.) (3).

Le verdict est signé par le chef du jury, puis par le président et le greffier (art. 348).

---

(1) Le chef du jury est le 1ᵉʳ juré sorti au tirage ou celui désigné par le jury de son consentement.
(2) Le vote a lieu par *oui* ou par *non*, sur un bulletin remis à chaque juré par le chef du jury. Il y a un scrutin spécial pour chaque question. *Tout bulletin blanc est réputé favorable à l'accusé*. Chaque réponse est transcrite en regard de la demande *sans indication du nombre de voix*. La déclaration relative aux circonstances atténuantes n'est mentionnée que si elle est favorable à l'accusé. (Loi du 13 mai 1836.)
(3) La déclaration du second jury ne peut jamais motiver un nouveau renvoi.

Cour d'assises (*Suite*).

3° JUGEMENT

L'accusé est ramené à l'audience ; — lecture du verdict par le greffier (art. 357).
Réquisitoire du Ministère public pour l'application de la loi (art. 362).

Nouveaux débats { sur le point de droit (art. 363) ;
sur l'application de la peine ;
sur les dommages-intérêts.

I. Acquittement
— lorsque l'accusé est déclaré *non-coupable*, — ou ayant agi *sans discernement*.
L'acquittement est prononcé par le *président* ; — sauf le cas de non-discernement (le mineur de 16 ans pouvant être envoyé en correction).
Les *questions civiles* sont jugées par la Cour (art. 358) :
— dommages-intérêts prétendus par la partie civile (1) ;
— dommages-intérêts réclamés par l'accusé contre ses dénonciateurs.
L'acquittement est irrévocablement acquis à l'accusé ;
Il épuise l'action publique et s'oppose à toute nouvelle poursuite au sujet du fait, même autrement qualifié. — V. art. 360 ; *Controv.* ; *Jurisprudence contraire*.

II. Absolution
— lorsque l'accusé est déclaré *coupable* d'un fait *non punissable* (364) :
Exemples : { quand le verdict a écarté l'un des éléments constitutifs du délit,
quand il y a une excuse absolutoire,
quand la prescription est acquise.
L'absolution est *prononcée par arrêt de la Cour*. — La Cour statue également sur l'interdiction de certains séjours (V. p. 12), sur les frais et dommages-intérêts.

III. Condamnation
— lorsque l'accusé est déclaré *coupable* et que le fait est *punissable*.
L'arrêt de condamnation { est délibéré par la Cour (art. 369) ;
applique au fait, déclaré constant par le jury, la peine portée par la loi,
statue sur les dommages-intérêts et restitutions,
condamne l'accusé aux frais.
Le président { lit le texte de la loi appliquée et prononce l'arrêt (art. 369) ;
prononce la dégradation de l'accusé, s'il est Légionnaire ou membre de l'Université ;
avertit l'accusé qu'il a 3 jours francs pour se pourvoir en cassation.

Le greffier { écrit la minute de l'arrêt et y insère le texte de la loi appliquée (à peine de 100 fr. d'amende) ; — la minute doit être signée par les juges dans les 24 hres (art. 370) ;
dresse un procès-verbal de la séance, constatant l'observation des formes prescrites à peine de nullité, sans mentionner les réponses de l'accusé ni les dépositions des témoins (art. 372).

EXÉCUTION

La condamnation { est suspendue { — pendant les délais du pourvoi, — et, s'il y a pourvoi, jusqu'à l'arrêt de rejet de la cour de cassation.
— jusqu'à la solution du recours en grâce (2).
puis, elle est exécutée dans les 24 heures (art. 375).

---

(1) L'acquittement ne décharge pas toujours l'accusé des responsabilités pécuniaires ; celles-ci peuvent être retenues par la cour et donner lieu à des dommages-intérêts ; il faut seulement qu'il n'y ait pas contradiction entre son arrêt et le verdict du jury. — De même, la partie lésée qui ne s'est pas constituée partie civile conserve le droit d'agir devant les tribunaux civils.

(2) Depuis 1831, aucune sentence capitale ne peut être exécutée en France sans que le chef de l'État ait été mis à même d'exercer son droit de grâce.

CONTUMACE (Art. 465 à 478).

Théorie spéciale aux matières criminelles ; — en matière correctionnelle et de police, l'inculpé peut être *défaillant*, il n'est jamais *contumax*.

Nota { Faire défaut est un droit pour les prévenus ; — le contumax est, au contraire, déclaré rebelle aux lois du pays (art. 465).

Il y a contumace { quand l'accusé ne se représente pas dans les 10 jours qui suivent la signification de l'arrêt de mise en accusation ; — ou quand il s'évade.

Période préparatoire
{
Ordonnance de se représenter dans un nouveau délai de 10 jours, — rendue par le président de la cour d'assises (art. 465) ;
Cette ordonnance reçoit une publicité spéciale (art. 466) ;
Passé ce délai, { le contumax est déclaré rebelle à la loi et suspendu de ses droits de citoyen ; — il ne peut non plus exercer aucune action en justice ;
ses biens sont séquestrés.
}

Jugement
{
Le contumax est jugé par la *cour* d'assises (art. 468 à 470),
— *sans jurés, ni défenseur*,
— sur les pièces de l'instruction écrite.
S'il est reconnu coupable, il ne peut obtenir le bénéfice des circonstances atténuantes. — *Controv.*
}

Après la condamnation
{
les suspensions et interdictions de la 1re période sont maintenues ;
les biens du contumax sont régis comme biens d'absent ;
la peine s'exécute *par effigie* (publicité spéciale donnée à l'arrêt) ;
Déchéances supplémentaires. { — dégradation civique, du jour de l'effigie. (Art. 28, C. P.)
— après 5 ans, double incapacité de disposer et recevoir par donation ou testament (remplaçant la mort civile ; V. p. 11) (art. 476).
}

L'arrêt de contumace
{
tombe de plein droit, si le contumax se constitue prisonnier ou s'il est arrêté avant la prescription de la peine (art. 476) ;
est purgé par la prescription de la peine ; — le compte du séquestre est rendu ; mais les déchéances ou incapacités subsistent.
}

VOIES ORDINAIRES DE RECOURS

Opposition
- Voie de *rétractation* contre les jugements et arrêts *par défaut :*
  — jugements de simple police et jugements correctionnels ;
  — arrêts de la Chambre des appels de police correctionnelle (1),
  — et même, *en matière de presse,* arrêts de défaut de la cour d'assises.
- L'opposition est signifiée par acte d'huissier.
- Délais
  - en matière de simple police : — 3 jours à partir de la signification du jugement ;
  - en matière correctionnelle :
    — 5 jours, à partir de la signification ;
    — jusqu'à la prescription de la peine, si la signification n'a pas été faite à la personne du prévenu et s'il n'a pas connu la condamnation. (Loi du 27 juin 1866.)
- *Nota.* L'opposition dans les 24 heures contre les *ordonnances du juge* d'instruction, admise par l'art. 135, I. Cr., est en réalité un *appel ;* — elle est portée devant la Chambre des mises en accusation.

Appel
- Voie de *réformation* contre les jugements rendus *en 1er ressort :*
  1° *recevable* contre les jugements de simple police emportant la prison ou plus de 5 fr. d'amende (art. 172) ;
  - cet appel est porté
    - devant le tribunal correctionnel,
    - par acte d'huissier,
    - dans les 10 jours de la signification du jugement.
  2° *recevable* contre *tous les jugements correctionnels* (art. 199) ;
  - cet appel est porté
    - devant la *Chambre des appels* de police correctionnelle,
    - par une déclaration au greffe,
    - dans les 10 jours du *prononcé du jugement* (sauf délai spécial, ci-dessous).
  - La faculté d'appeler appartient (2)
    1° aux prévenus ou civilement responsables ;
    2° à la partie civile (pour ses intérêts civils seulement) ;
    3° au procureur de la République (appel *a minimâ*)
    4° au procureur général (délai spécial de 2 mois ou 1 mois).
- Quant aux ordonnances du juge d'instruction : V. ci-dessus, *Nota.*
- Effets de l'appel
  - L'appel et même le *délai d'appel* sont *suspensifs* de l'exécution du jugement ;
  - Cependant, le prévenu acquitté doit être mis immédiatement en liberté (art. 206).

---

(1) Les arrêts des cours d'assises ne sont jamais susceptibles d'opposition. V. Théorie spéciale de la *contumace*, p. 31. — Il n'y a d'exception qu'en matière de presse.

(2) La faculté d'appeler appartient aussi à l'administration forestière et autres administrations ayant exercé l'action publique. (Art. 202.)

VOIES EXTRAORDINAIRES DE RECOURS

POURVOI EN CASSATION (Art. 416 à 442).

Pourvois dans l'intérêt des parties (cas ordinaire) :

— pour violation de la loi
- *a* — quant au fond ;
- *b* — quant à la compétence ;
- *c* — quant à la procédure (omission d'une formalité substantielle ou prescrite à peine de nullité).

— recevables
- contre les jugements et arrêts en dernier ressort, — soit définitifs, — soit interlocutoires (compétence) ;
- non contre les jugements préparatoires ou d'instruction.

— formés
- devant la Chambre criminelle de la Cour de cassation (sans passer par la Chambre des requêtes) ;
- par une déclaration au greffe ;
- dans les 3 jours (par exception, 5 jours ou 24 heures).

ont admis à se pourvoir :
- le condamné (1) ou les personnes civilement responsables ;
- la partie civile ;
- le ministère public (2).

e pourvoi et même le délai du pourvoi sont suspensifs.

a cassation
- peut être totale ou partielle ;
- entraîne le renvoi devant un autre tribunal ou une autre cour.

Pourvois dans l'intérêt de la loi :
— ne pouvant jamais nuire ni profiter aux parties ;

— formés
- 1° par le procureur général à la Cour de cassation (art. 442), — lorsque le délai des *pourvois utiles* est passé ;
- 2° par le ministère public, partie au procès, — lorsqu'il y a une ordonnance d'acquittement (art. 409), — dans le délai de 24 heures.

Pourvois en annulation par ordre formel du ministre de la justice.

Acte gouvernemental
- destiné à maintenir la bonne organisation de la justice ;
- recevable contre tous *actes judiciaires* illégaux, sans observance de délais ;
- pouvant réagir sur les intérêts des parties, sauf quand il y a droit acquis.

DEMANDE EN RÉVISION (Art. 443 à 447).

Cas de révision
- Condamnation pour homicide, suivie de la découverte d'indices tendant à établir l'existence de la prétendue victime de l'homicide ;
- Condamnations inconciliables, intervenues successivement contre des individus différents pour le même crime *ou délit grave* (V. art. 444) ;
- Condamnation d'un des témoins du procès pour faux témoignage contre l'accusé.
- Dans ces 2 derniers cas, la demande doit être inscrite au ministère de la justice dans les 2 ans de la seconde condamnation.

La révision peut être demandée
- par le ministre de la justice ;
- par le condamné ;
- après la mort du condamné, par son conjoint, ses parents, ses héritiers, son mandataire posthume. (Addition de la loi du 29 juin 1867.)

Procédure
- La Cour de cassation est saisie par son procureur général, d'ordre du garde des sceaux, soit d'office, soit sur la demande des requérants ;
- Suspension de l'exécution de la sentence à réviser ;
- Annulation de la sentence, s'il y a lieu, avec renvoi devant une cour ou un tribunal ;
- S'il y a impossibilité de statuer contradictoirement, notamment par suite de décès, la Cour de cassation juge sur pièces.

---

(1) A la condition de se *mettre en état*, c'est-à-dire de se constituer prisonnier (art. 421), et, dans certains cas, avoir consigné une amende de 150 francs (art. 449 et 420).

(2) Le ministère public ne peut former de *pourvoi utile* contre l'ordonnance d'acquittement, même illégale ; acquittement prononcé est toujours définitif. — Il peut seulement, dans les 24 heures, former un *pourvoi dans l'intérêt de la loi*. — V. ci-dessus.

EXTINCTION DES PEINES

1° Décès du condamné
- les peines corporelles et les incapacités légales cessent forcément ;
- les peines pécuniaires s'exécutent sur le patrimoine.

2° Prescription de la peine
- par 20 ans, en matière criminelle ;
  5 ans, — correctionnelle ;
  2 ans, — de simple police ;
  à partir de l'arrêt ou jugement irrévocable.   } art. 635, 636, 639, I. Cr.
- laissant subsister les incapacités et peines accessoires (sauf l'interdiction qui n'existe que pendant la durée de la peine) ;
- ne mettant aucun obstacle à l'exercice des droits de la partie civile ;
- ne permettant plus au condamné défaillant ou contumax de se représenter pour purger sa condamnation ; — ni d'être réhabilité.
- *Nota.* Ne pas confondre avec la *prescription de l'action publique.* — V. p. 21.

3° Amnistie
- Mesure collective, — s'appliquant à toute une catégorie de faits délictueux, — dans un intérêt de pacification sociale ;
- prononcée par une loi ;
- effaçant le délit lui-même et toutes ses conséquences : — la peine cesse ; — l'action publique est éteinte ; — la condamnation prononcée ne compte plus pour la récidive.

4° Grâce
- Mesure individuelle de clémence, — accordée par le chef de l'Etat — (en 1871, par une Commission des Grâces) ;
- totale ou partielle (commutation de peine) ;
- supprimant la peine, mais laissant subsister le délit avec ses conséquences : incapacités, aggravation en cas de récidive (sauf exception).

5° Libération conditionnelle et réhabilitation

Loi du 14 août 1885, établissant un régime disciplinaire fondé sur la constatation journalière de la conduite et du travail (loi Bérenger).

La libération conditionnelle
- est *de droit* pour le détenu qui a satisfait aux conditions réglementaires,
- après qu'il a subi la moitié de sa peine ;
- *si le détenu est récidiviste,* après 6 mois au moins d'emprisonnement, et, en tous cas, après avoir subi les 2/3 de la peine.
- est révocable { pour inconduite habituelle et publique, ou pour infraction aux conditions spéciales du *permis de libération.*

Pour obtenir la réhabilitation il faut :
1° avoir subi sa peine, ou obtenu des lettres de grâce ;
2° avoir désintéressé la partie lésée, payé l'amende et les frais (sauf insolvabilité constatée) ;
3° avoir eu une résidence fixe, pendant 5 ans (crimes), ou 3 ans (délits), depuis la libération ;
— Pour les récidivistes ou réhabilités qui ont été condamnés de nouveau, le délai est de 10 ou 6 ans ;
4° justifier d'une bonne conduite.

La réhabilitation
- est prononcée par la Cour d'appel (Chambre des mises en accusation), et *non par le chef de l'Etat* ;
- n'est jamais de droit : — la Cour est toujours libre de l'accorder ou de la refuser ;
- efface la condamnation et les incapacités qui en résultaient (*comme l'amnistie*) ;
- doit être inscrite au casier judiciaire. — Les extraits du casier délivrés aux parties ne doivent pas mentionner la condamnation.

TABLE ALPHABÉTIQUE

	Pages.
Absolution, acquittement	30
Action publique, action civile	21
Amende	10
Amnistie	34
Appel	32
Bannissement	10
Casier judiciaire	12
Chambre { des appels de police correct^{lle}	19, 32
{ des mises en accusation	19, 26
Chronologie des lois pénales	6
Circonstances atténuantes	17
Compétence { ratione materiæ	19
{ ratione loci	24
Complicité	18
Contrainte par corps	12
Contraventions { Définition	7
{ Pénalité	10
Contumace	31
Crimes (définition)	7
Cour d'assises { Organisation	20
{ Procédure et débats	28
{ Verdict	29
{ Jugement	30
Cour de cassation	33
Culpabilité	15
Cumul de délits	13
Dégradation civique	10, 11
Délits { Définition, classifications	7
{ commis à l'étranger	22
Délits flagrants { Définition	7
{ Procédure spéciale	25
Déportation	9
Détention	9
Détention préventive	26
Discernement	16
Double échelle des peines criminelles	8
Emprisonnement	10, 14
Excuses légales	15
Exécution des jugements	30
Extinction { de l'action	21
{ des peines	34
Extradition	23
Grâce	34
Incapacité de disposer ou recevoir	11
Instruction préparatoire	25, 26
Interdiction de certains droits, etc.	12
Interdiction légale	11
Juge d'instruction	19

	Pages.
Juridictions { d'instruction, de jugement	19
{ d'exception	20
Jury { Formation	20
{ Délibération, verdict	29
Légitime défense	15
Libération conditionnelle	34
Liberté provisoire	26
Mandats	26
Ministère public	24
Minorité de 16 ans	16
Mort civile (abolie)	11
Non-culpabilité	15
Non-discernement	16
Non-rétroactivité	7
Officiers de police judiciaire	24
Opposition	32
Ordonnances { de non-lieu, de renvoi	26
{ voies de recours	32
Organisation des tribunaux de répression	19
Partie civile	25
Peine de mort	9
Peines { politiques et de droit commun	8
{ afflictives et infamantes	9
{ infamantes	10
{ correctionnelles, de police	10
{ accessoires	11, 12
Police judiciaire	24
Pourvois en cassation, en révision	33
Prescription { de l'action	21
{ de la peine	34
Preuves	27, 28
Questions pénitentiaires	14
Questions posées au jury	29
Récidive	13
Réclusion	9
Réhabilitation	34
Réitération	13
Relégation	11
Responsabilité civile	16
Rétroactivité	7
Révision	33
Tentative	7
Transportation	14
Travaux forcés	9
Tribunaux { correctionnels	19, 27
{ de simple police	19
Voies de recours { ordinaires	32
{ extraordinaires	33

Bar-le-Duc. — Typ. SCHORDERET ET Cie.

En vente chez CHALLAMEL ET Cie, 5, rue Jacob.

LE DROIT EN TABLEAUX SYNOPTIQUES
Par A. WILHELM

Le Droit romain résumé en tableaux synoptiques.
Matières de l'Examen de première année (5e *édition*, revue et annotée)............ 2 fr. »
Matières de l'Examen de deuxième année (4e *édition*, revue et annotée).......... 2 fr. »

Le Droit civil résumé en tableaux synoptiques.
Matières de l'Examen de première année (7e *édition*)............................... 1 fr. 50
Matières de l'Examen de deuxième année (6e *édition*)............................. 1 fr. 50
Matières de l'Examen de troisième année (5e *édition*)............................. 1 fr. 50

Le Droit criminel résumé en tableaux synoptiques.
Matières de l'Examen de première année. — *Code pénal, instruction criminelle*.. 1 fr. 50

La Procédure civile résumée en tableaux synoptiques.
Matières du deuxième Examen (Art. 48 à 516 du Code de procédure) (3e *édition*).. 1 fr. 50

Le Droit commercial résumé en tableaux synoptiques.
Matières de l'Examen de troisième année... 1 fr. 50

L'Histoire du Droit résumée en tableaux synoptiques.
Matières de l'Examen de première année... 1 fr. 50

Le Droit international résumé en tableaux synoptiques.
Matières de l'Examen de troisième année... 2 fr. »

Le Droit administratif résumé en tableaux synoptiques.
Matières de l'Examen de troisième année... 2 fr. »

L'Economie politique résumée en tableaux synoptiques.
Matières de l'Examen de deuxième année.. 1 fr. 50

LES CODES FRANÇAIS
ÉDITION PORTATIVE disposée spécialement pour la serviette, avec Supplément 1888
1 cahier in-4° — Reliure souple en toile anglaise : 5 fr.

LES CONSTITUTIONS MODERNES
RECUEIL DES CONSTITUTIONS ACTUELLEMENT EN VIGUEUR DANS LES DIVERS ÉTATS D'EUROPE, D'AMÉRIQUE ET DU MONDE CIVILISÉ. PAR F. R. DARESTE ET P. DARESTE. — 2 vol. in-8° : 18 fr.

Étude sur la Vénalité des Charges et Fonctions publiques et des Offices ministériels, par P. LOUIS-LUCAS, Dr en Droit, professeur à la Faculté de Dijon. — 3 gros in-8°. 60 fr. »

Étude sur les Cédules hypothécaires (Handfesten — Bons fonciers), — par JULES CHALLAMEL, Docteur en Droit, avocat près la Cour d'appel. — Un volume in-8° 6 fr. »

Étude sur le régime hypothécaire de la ville libre de Brême, — par JULES CHALLAMEL. (Extrait du *Bulletin de la Société de Législation comparée*). — In-8° 2 fr. »

L'Hypothèque judiciaire. Étude critique de législation française et étrangère (*prix Rossi*), par JULES CHALLAMEL. — In-8°... 6 fr. »

Dictionnaire de la Législation Algérienne. Code annoté et Manuel raisonné des lois, ordonnances, décrets, etc., 1830-1872, publiés au *Bulletin officiel* du gouvernement de l'Algérie, par P. de MENERVILLE, Président à la Cour d'Alger. — 3 vol. in-8°......... 35 fr. »

Le Code Algérien, Recueil annoté des lois, décrets, etc., formant la législation de l'Algérie de 1872 à 1878 (suite au *Dictionnaire de la législation Algérienne*), par H. HUGUES, Conseiller à la Cour d'Alger, et P. LAPRA, *Juge au tribunal civil d'Alger*. — In-8°, 1878. 12 fr. »

Les Codes Français et Algériens comparés (Code civil et Code de procédure civile), par L. ROUIRE, avocat à Oran. — In-8°... 12 fr. »

Traité élémentaire du Droit musulman algérien (École malékite), par L. ZEYS, Président de Chambre à la Cour d'Alger. — 3 vol. gr. in-8°..................... 15 fr. »

Précis de Jurisprudence musulmane, par KHALIL-IBN-ISHAK. Traduit et annoté par le Docteur PERRON. — 7 vol. gr. in-8°. (Exploration scientifique de l'Algérie.)... 100 fr. »

Droit musulman malékite. *Examen critique de la traduction qu'a faite M. Perron au livre de Khalil*, par F. CADOZ. — In-8°... 5 fr. »

Initiation à la science du Droit musulman, par CADOZ. — 1 vol. in-8°.. 3 fr. 50

Le Code musulman, par SIDI-KHALIL, Rite malékite. — Statut réel (*texte arabe et nouvelle traduction*), par N. SEIGNETTE, interprète, licencié en Droit. — Fort vol. in-8°. 25 fr. »

Origine, formation et état actuel de la propriété en Algérie, par Eug. ROBE, avocat à la Cour d'Alger, préface par RODOLPHE DARESTE, membre de l'Institut. — In-8° 3 fr. 50

Organisation de la Justice et du Notariat musulman, et *Législation applicable en Algérie aux Musulmans*, par CH. MENNESSON, Président du tribunal civil de Sidi-Bel-Abbès. — Grand in-8°... 8 fr. »

Législation de la Tunisie, recueil des lois, décrets et règlements en vigueur dans la régence, au 1er janvier 1888, par F. BOMPARD, ancien secrétaire général du Gouvernement Tunisien. — Très gros in-8°... 20 fr. »

Bar-le-Duc. — Typ. Schorderet et C°.

www.ingramcontent.com/pod-product-compliance
Lightning Source LLC
Chambersburg PA
CBHW030059230526
45471CB00003B/1163